Martha Riedl

Batik

Wachs- und Bindetechniken

FALKEN

Zum Themenbereich textiles Gestalten sind im FALKEN Verlag unter anderem bereits erschienen:
„Marmorieren. Muster, Techniken, Gestaltungsideen" (Nr. 5247),
„Seidenmalerei. Die wichtigsten Techniken Schritt für Schritt" (Nr. 1357),
„Moderne Stoffmalerei" (Nr. 1358).

Die Deutsche Bibliothek – CIP-Einheitsaufnahme

Riedl, Martha:
Batik : Wachs- und Bindetechniken / Martha Riedl. –
Niedernhausen/Ts. : FALKEN, 1995
(Schönes Hobby)
ISBN 3-8068-5294-4

ISBN 3 8068 5294 4

Umschlaggestaltung: Andreas Jacobsen
Redaktion: Christiane Rückel
Herstellung: Petra Zimmer
Titelbild und Fotos: Photo-Illustrations Ltd./Jersey
Batikarbeiten: Seite 17 (Sportbeutel), Seite 32 (Jeans) und Seite 33 (Radlerhose) von Sonja Hille, alle anderen Arbeiten Martha Riedl

Satz: FALKEN Verlag, Niedernhausen/Ts.
Druck: Ludwig Auer GmbH, Donauwörth

817 2635 4453 6271

Inhalt

Was ist Batik?

Batik (javanisch „gesprenkelt") ist ein aus Südostasien stammendes traditionelles Textilfärbeverfahren: Stoffe werden entweder mit Wachs abgedeckt oder mit Schnur gebunden und anschließend in eine Farblösung getaucht. Die abgedeckten bzw. abgebundenen Partien des Stoffes nehmen keine Farbe an, sie bleiben ausgespart, werden also reserviert. Deshalb ist die Batik ein **Reservierungsverfahren.** Je nachdem, wie und mit welchem Mittel reserviert wird (ob mit Wachs abgedeckt oder mit Schnur abgebunden), spricht man von Wachs- oder von Bindebatik (Shibori).

Wachsbatik

Es ist nicht genau bekannt, wann und wo die Batikkunst ihre Ursprünge hat. Wahrscheinlich wurde sie schon in vorchristlicher Zeit in Indien und in Java entwickelt. In Java betrieben die Damen des Adels das Batiken mit Wachs über Jahrhunderte hinweg mit großer Perfektion (Blütezeit 16./17. Jahrhundert). Holländische Kaufleute brachten um 1850 erste gebatikte Kleidungsstücke aus Java mit nach Europa.

Beim Batiken mit Wachs wird – wie gesagt – der Stoff vor dem Einfärben (ganz oder stellenweise) mit Wachs abgedeckt, so daß diese Partien keine Farbe annehmen können. Das Wachs kann man auf unterschiedliche Weise auf das textile Gewebe auftragen, zum Beispiel mit dem Pinsel oder mit dem traditionellen javanischen Wachskännchen, dem **Tjanting** (siehe auch Seite 11). Tjantings sind im Hobbyfachhandel in unterschiedlichen Ausführungen erhältlich. Wird das Wachs vor dem Einfärben des Stoffes gebrochen, kann die Farbe durch die Bruchstellen in das Gewebe eindringen. Auf diese Weise entstehen die für die Wachsbatik charakteristischen feinen Batikstrukturen, die sogenannten **Krakeluren.**

Eine Mischtechnik aus Wachsbatik und Stoffmalerei ist die **Maltik** (siehe Seite 14 f.): Auf den Stoff werden Motivkonturen mit Wachs aufgetragen und die Motivflächen mit Stoffmalfarben ausgemalt. Nach dem Trocknen der Farben deckt man das ganze Motiv mit Wachs ab und färbt den Stoff ein. Auf diese Weise lassen sich reizvolle neue Farbfolgen kreieren, die beim Wachsbatiken nicht möglich sind.

Dieses Sonnenmotiv ist eine Wachsbatikarbeit. Deutlich sind die Krakeluren zu erkennen, die dadurch entstehen, daß das auf den Stoff aufgetragene Wachs gebrochen wurde

Bindebatik

Im Gegensatz zur Wachsbatik wird der Stoff bei der Bindebatik, **Shibori,** nicht abgedeckt, sondern abgebunden. An den Stellen, an denen das textile Gewebe zusammengeschnürt, also abgebunden ist, nimmt es keine Farbe an.

Neben dem traditionellen javanischen Bindeverfahren mit Bast oder Kordel, **Plangi** (siehe Seite 16), gibt es die Möglichkeit, durch Zipfeln, Klammern, Knäulen und Falten des Stoffs ähnliche Farbeffekte zu erzielen (siehe Seite 20 ff.). Seidenstoffe können Sie zum Beispiel gut plissieren, indem Sie sie in noch feuchtem Zustand falten, pressen und dann abbinden (siehe Seite 21).

Bei der **Tritik** (siehe Seite 18 f.), einem ebenfalls traditionellen javanischen Textilfärbeverfahren, wird der Stoff mit Hilfe eines eingenähten und dann zusammengezogenen Fadens abgebunden, was reizvolle Farbeffekte gibt.

Manche der benötigten Batikmaterialien haben Sie sicher schon zu Hause vorrätig.

Was Sie sonst noch brauchen, ist auf den Anleitungsseiten jeweils genau angegeben

Stoffe und Farben

Stoffarten und -auswahl

Naturfaserstoffe sind für alle in diesem Buch beschriebenen Färbetechniken geeignet. **Mischgewebe** und **Synthetics** sind mit Vorsicht zu behandeln, da sie Farbe oft nur schlecht aufnehmen (Herstellerangaben auf der Farbpackung beachten). Je dünner und je feiner das verwendete Gewebe ist, desto besser nimmt es die Farbe an. Neue Textilien sollten Sie vor der Verarbeitung grundsätzlich erst waschen, um eine eventuell vorhandene Appretur zu entfernen.

Geeignete Naturfaserstoffe:
Reine Baumwolle ist problemlos zu färben.
Reine Seide läßt sich ebenfalls sehr gut färben. Pongéseide (Stärke 08) ist für die Wachs- wie auch für die Bindebatik besonders gut geeignet, da sie strapazierfähig ist und sich ihre Gewebefäden bei der Verarbeitung nicht verschieben. Die wesentlich rustikalere Bouretteseide kann man nicht mit dem Batikkännchen, dem Tjanting, bearbeiten, da sie dafür zu grob strukturiert ist.
Reine Wolle kann ebenfalls problemlos gefärbt werden, wenn das verwendete Wollgewebe nicht zu schwer ist.
Reines Leinen und **Halbleinen** (Leinen-Baumwoll-Gemisch) gehören auch zu den Stoffen, die gut zu färben sind. Da sie sehr robust sind, werden diese Gewebe gerne für die Herstellung selbstgebatikter Tischläufer und Wandbehänge verwendet. Das beim Batiken auf das Leinen oder Halbleinen aufgetragene Wachs sollten Sie nicht vollständig entfernen, da es dem Stoff Stabilität verleiht und ihn unempfindlicher gegen Flecken macht.

TIP:

Im Hobbyfachhandel finden Sie eine große Auswahl an sogenannten Textilrohlingen wie T-Shirts, Westen, Hosen, Krawatten, Kissenbezügen oder Tüchern, die schon fertig zugeschnitten und genäht sind. Wenn Sie Ihre Batikarbeit selbst „schneidern" wollen, sollten Sie sie erst nach dem Färben zusammennähen

Weiße oder farbige Stoffe?
Für den Anfang empfiehlt es sich, weiße oder naturfarbene Stoffe zu verwenden und mit diesen die Wirkung von Einzelfarben und Überfärbungen auszuprobieren. Farbige Stoffe sollten Sie verwenden, wenn Sie schon etwas Erfahrung im Batiken haben, also gezielt bestimmte Farbkombinationen und Färbefolgen gestalten können. Selbstverständlich dürfen diese textilen Gewebe nur hell und einfarbig sein, damit man später die Muster und Färbungen erkennen kann.

Farben und Färben

Batikfarben heißen auch Textilfarben und sind keine Mal-, sondern nichtdeckende Färbefarben, die in Pulverform angeboten werden (10 g pro Päckchen für 125–150 g Stoffgewicht). Das Farbpulver ist mit Wasser zu einem Farbbad anzusetzen, in das der Stoff eingetaucht wird. Achten Sie beim Kauf darauf, daß die von Ihnen ausgesuchten Batikfarben licht- und waschecht sind sowie über eine möglichst große Anzahl an unterschiedlichen Farbtönen verfügen (siehe Farbtontabelle Seite 9).

Das brauchen Sie:
Batikfarben,
Stoff,
2 Plastikbehälter (zum Färben und zum Spülen),
Rührlöffel,
Salz,
Essig,
eventuell Reaktions- bzw. Fixierungsmittel,
Gummihandschuhe,
Abdeckfolie

Grundsätzlich sind Batikfarben zu unterscheiden in **Heißwasser- und Kaltfarben**: Heißwasserfarben werden in kochendem Wasser aufgelöst; das Färben ist nach maximal 30 Minuten abgeschlossen. Kaltfarben löst man in kaltem bis lauwarmem Wasser auf; der Stoff muß hier etwa 60 Minuten im Farbbad liegenbleiben. Lesen Sie unbedingt die auf jedem Päckchen abgedruckte Gebrauchsanweisung durch, bevor Sie mit dem Färben beginnen. Je nach Farbart und Hersteller sind dem Farbbad noch Salz und Essig oder Reaktions- bzw. Konservierungsmittel zuzugeben.

Wachsbatikarbeiten sollten nur per Hand gefärbt werden. Das Farbbad darf nur bis 30 Grad erwärmt werden, da das Wachs bei einer höheren Temperatur schmilzt. **Abgebundene Textilien** können Sie jedoch sogar bei 60 Grad und in der Waschmaschine färben.

Für das **Färben per Hand** brauchen Sie einen Behälter aus Plastik, in welchem Sie das Farbbad ansetzen. Schützen Sie die Arbeitsfläche mit einer Abdeckfolie und Ihre Hände mit Gummihandschuhen. Der Stoff nimmt die Farbe am besten an, wenn er vorher angefeuchtet wurde. Legen Sie ihn danach solange wie gewünscht in das Farbbad ein. Das erzielte Färbeergebnis hängt von der verwendeten Stoffart, der Färbedauer, der Konzentration und der Temperatur des Farbbades ab: Je mehr Farbpulver verwendet wurde und je länger der Stoff im Farbbad bleibt, desto voller wird der Farbton. Bewegen Sie den Stoff während der Einwirkzeit ab und zu, damit die Färbung gleichmäßig ist. Spülen Sie den Stoff anschließend gründlich mit kaltem Wasser aus, und geben Sie ihn in die chemische Reinigung.

Messing
Kirschrot
Türkisblau
Dunkelgrün
Creme
Dunkelrot
Azurblau
Russischgrün
Gelb
Rostbraun
Kornblumenblau
Olivgrün
Orange
Rehbraun
Jeansblau
Giftgrün
Rosa
Dunkelbraun
Violett
Silbergrau
Scharlachrot
Kaffeebraun
Seegrün
Schwarz

Wachsbatik

Wachsarten und -auftrag

Mittel zum Reservieren der Farben ist bei der Wachsbatik – wie der Name schon sagt – Wachs. Fertiges **Batikwachs** kann man im Hobbyfachhandel kaufen. Das klassische Batikwachs ist jedoch **Bienenwachs.** Es ist aber zum einen teuer, zum anderen selbst in erkaltetem Zustand sehr geschmeidig, so daß man es nicht brechen kann um Krakeluren (siehe unten) zu gestalten.

Paraffin ist eine wachsähnliche, wesentlich härtere Substanz, die leicht bricht und sich daher sehr gut für das Gestalten von Krakeluren eignet. Der Batikprofi mischt Bienenwachs und Paraffin nach eigenen Wünschen zusammen. Legen Sie das Wachs zum Schmelzen in einen alten Kochtopf, und erhitzen Sie es auf einer Elektroplatte (Stufe 1), bis es flüssig ist. Das Wachs darf jedoch niemals kochen.

Batikwachs kann auf unterschiedliche Weise auf den Stoff aufgetragen werden, zum Beispiel mit dem traditionellen javanischen Batikkännchen, dem **Tjanting** (siehe Seite 11). Dazu wird der kleine Behälter des Tjantings, der an einem Handgriff befestigt ist, mit heißem Wachs gefüllt. Aus einem kleinen Ausflußröhrchen kann das Wachs auf den Stoff fließen. Batikkännchen gibt es in verschiedenen Ausführungen mit unterschiedlich feinen Ausflußröhrchen zu kaufen.

Das brauchen Sie:
weißen oder naturfarbenen Stoff, weißes Papier für die Motivvorlage, Kohle- oder Phantomstift, Batikrahmen aus Holz (verstellbar), Spann- oder Stecknadeln, Haar- und Borstenpinsel, Batikwachs, alten Kochtopf, saugfähiges Papier zum Abbügeln, Bügeleisen

Zum Zeichnen schmaler Linien und kleiner Motive eignet sich auch ein dünner Haarpinsel sehr gut, zum Abdecken größerer Motivflächen ein Borstenpinsel. Stellen Sie die Pinsel niemals im heißen Wachs ab, da sie sonst verbrennen können. Für das Gestalten regelmäßiger Punkte kann man auch einen sogenannten Tröpfelstab oder eine Stecknadel mit Glaskopf verwenden. Stecken Sie die Spitze der Nadel in einen Weinkorken – so ist sie leichter zu handhaben. Am einfachsten ist das Gestalten unregelmäßiger Punktstrukturen mit dem herabtropfenden Wachs einer brennenden Kerze.

Krakeluren erhalten Sie, wenn Sie das auf den Stoff aufgetragene Wachs unter kaltem Wasser abschrecken, den Stoff dann in Falten legen (dabei bricht das Wachs) und färben.

Motiv übertragen

Zeichnen Sie zuerst das von Ihnen gewählte Muster oder Motiv auf den weißen Stoff. Dafür eignet sich ein Kohle- oder ein Phantomstift (Hobbyfachhandel) sehr gut. Die mit dem Phantomstift aufgemalten Linien werden nach einigen Tagen unsichtbar.
Sie können das Motiv frei Hand gestalten oder es mit Hilfe einer Vorlage auf den Stoff übertragen. Für die Vorlage wird das Motiv auf Papier gezeichnet, das Sie unter den Stoff schieben und darauf die Motivkonturen nachzeichnen. Das ist natürlich nur möglich, wenn die Konturen noch unter dem Stoff sichtbar sind, also bei dünnen textilen Geweben, nicht bei solchen aus Wolle oder Leinen.

Stoff aufspannen

Nun wird der Stoff mit Spannstiften oder mit Stecknadeln straff auf den Batikrahmen gespannt. Wenn Sie Textilrohlinge (siehe Seite 7) batiken wollen, müssen Sie den Rahmen in den Rohling hineinschieben, also zwischen dessen Vorder- und Rückseite.

Einmaliges Färben – Weißreserve

Nun kann das erhitzte flüssige Wachs aufgetragen werden. Alle Linien und Flächen des Motivs, die weiß bleiben sollen, decken Sie mit Wachs ab. Sobald das Wachs erkaltet ist, wird der Stoff vom Rahmen abgenommen und in das vorbereitete kalte bis lauwarme Farbbad getaucht (siehe Seite 8 f.). Hat das Gewebe den gewünschten Farbton erreicht (durchschnittliche Färbezeit etwa 30 Minuten), nehmen Sie den Stoff aus dem Farbbad, spülen ihn aus, drücken ihn zwischen zwei Lagen Zeitungspapier aus und trocknen ihn dann.

Bei einem einmaligen Färbevorgang, der sogenannten Weißreserve, wird der getrocknete Stoff jetzt zwischen zwei Lagen saugfähiges Papier (Seiden- oder Löschpapier) gelegt und gebügelt (Einstellung Baumwolle). Durch die Wärme des Bügeleisens schmilzt das Wachs und wird vom Papier aufgenommen. Mit Wachs vollgesogenes Papier tauschen Sie gegen neues aus. Der Vorgang wird so lange wiederholt, bis alles Wachs aus dem Stoff in das Papier abgebügelt ist. Die fertige Batikarbeit sollten Sie nun noch in die chemische Reinigung geben.

Schritt für Schritt

Zwei traditionelle javanische Batikkännchen, sogenannte Tjantings, in unterschiedlichen Ausführungen

TIP:

Wenn Sie einen tiefschwarzen Farbton erhalten wollen, sollten Sie ein stark konzentriertes Farbbad anrühren, in das der Stoff mindestens eine Stunde lang eingetaucht wird. Hängen Sie den gefärbten und getrockneten Stoff niemals in die pralle Sonne oder in die Nähe einer Heizung zum Trocknen auf, da er sonst ausbleicht oder fleckig wird

Mehrfaches Färben – Buntreserve

Spannen Sie den gefärbten, fast trockenen (nicht abgebügelten!) Stoff wieder straff auf den Rahmen. So wird das Textil während des endgültigen Trocknens glatter und läßt sich leichter bearbeiten. Dann decken Sie die farbigen Partien des Motivs mit Wachs ab, die keinen zweiten Farbton erhalten sollen. Die weißen Motivflächen sind ja schon durch den ersten Wachsauftrag vor allen folgenden Färbungen geschützt. Jetzt wird der Stoff zum zweiten Mal gefärbt, gespült und getrocknet. Die nicht abgedeckten Farbflächen zeigen sich durch das Übereinanderfärben in einem neuen Farbton.

Wenn die Batikarbeit zweifarbig sein soll, bügeln Sie das Wachs jetzt ab. Bei einer drei- oder vierfarbigen Batikarbeit decken Sie wieder die Partien des Stoffes ab, die nicht gefärbt werden sollen, färben, spülen und so weiter wie beschrieben.

Mischtöne erhalten Sie schon nach der zweiten Färbung, da Batikfarben ja nicht deckend sind (siehe Seite 8), sondern sich jeder Farbton mit einem hinzukommenden zu einem neuen mischt. Regel: **Beginnen Sie das Färben stets mit der hellsten Farbe.** Je mehr Farbtöne übereinandergefärbt werden, desto unvorhersehbarer und dunkler wird das Färbeergebnis – mehr als vier Farbtöne sollten es deshalb nicht sein.

Einige Farbtöne bzw. -folgen lassen sich durch Übereinanderfärben nicht erzielen. Manche Farben ergeben zusammen eine unerwünschte Mischung. Beispiel: Sie wollen eine Batikarbeit erst gelb, dann rot färben, leuchtendblau und grün soll sie aber auch sein. All diese Töne nacheinander zu färben ist unmöglich, da Gelb, Rot und Blau ein Violett ergeben, das dann mit Grün gemischt zu Braun wird. In diesem Fall heißt die Lösung Maltik: Die gewünschten Farbtöne werden erst aufgemalt, dann mit Wachs abgedeckt und gefärbt.

Die Abbildungen auf Seite 13 zeigen Schritt für Schritt die Entstehung einer mehrfarbigen Wachsbatikarbeit, vom Übertragen des Motivs auf Stoff bis zur letzten Färbung. Die Färbefolge dieser Drei-Farben-Batik ist Gelb - Rot - Dunkelgrün. Deutlich zu erkennen sind die durch Wachsbrüche entstandenen Krakeluren (siehe Seite 4).

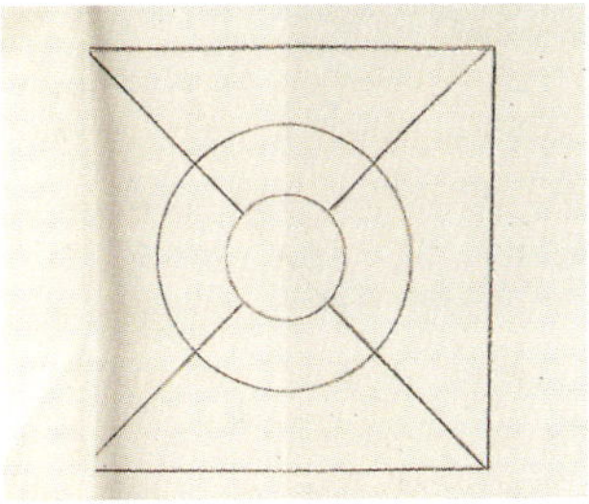

1

2

3

4

Motiv von der Vorlage auf den Stoff übertragen (1). Dann alle Weißflächen mit Wachs abdecken (2) und den Stoff in das erste Farbbad (hier gelb) tauchen (3)

5

6

Alle Partien, die gelb bleiben sollen, abdecken (4). Den Stoff zum zweiten Mal (hier rot) färben (5)

7

8

Nun alle Flächen, die rot sein sollen, abdecken (6); den Stoff zum dritten Mal (hier grün) färben (7). Es ist die Mischfarbe Braun entstanden (8)

Maltik

Maltik ist das Kurzwort für Malbatik, eine Kombination aus Stoff**mal**erei und Wachs**batik**. Einigen von Ihnen ist die Technik der Maltik vielleicht schon von der Seidenmalerei her bekannt. Zum Malen eignet sich konzentriert angerührte Batikfarbe, bügelfixierbare Seidenmalfarbe oder mit Wasser verdünnte Stoffmalfarbe.
Bei der Maltik werden die Konturen des Motivs wie bei der Wachsbatik (siehe Seite 10 f.) mit flüssigem Wachs auf den Stoff aufgetragen. Nachdem das Wachs erkaltet ist, können **alle** farbig zu gestaltenden Motivflächen mit Farbe ausgemalt werden (Auftrag mit dem Pinsel oder mit dem Stoffmalstift). Auf diese Weise läßt sich beispielsweise eine Farbkombination wie Rot - Blau - Orange kreieren, die als Färbefolge bei der Wachsbatik nicht möglich ist, da sich die Farbtöne durch das Übereinanderfärben mischen und neue ergeben. Sobald die Farbe getrocknet ist, decken Sie alle Motivflächen, die nicht gefärbt werden sollen, mit Wachs ab (alle weiteren Arbeitsschritte wie auf Seite 11).

Das brauchen Sie:
weißen oder naturfarbenen Stoff, Stoffmal-, Batik oder bügelfixierbare Seidenmalfarben, Pinsel sowie alle für die Wachsbatik (siehe Seite 10) und zum Färben (siehe Seite 8) notwendigen Materialien

Erst die Konturen mit Wachs abdecken, dann mit Farbe malen

Alle Farben des Motivs aufmalen und mit Wachs abdecken

Dieses T-Shirt wurde nur einmal gefärbt. Alle anderen Farben sind mit dem Pinsel aufgetragen

Bindebatik

Das brauchen Sie:
weißen oder naturfarbenen Stoff; zum Abbinden Kordel, Bast, Gummiringe oder Baumwollgarn; für die Tritik reißfestes Nähgarn, Nähnadel und Phantomstift; zum Färben alle auf Seite 8 angegebenen Materialien

Shibori, die traditionelle javanische Bindebatik, ist wie die Wachsbatik ein Textilfärbeverfahren, bei dem der Stoff an bestimmten Partien reserviert (siehe Seite 4 f.), jedoch nicht abgedeckt, sondern abgebunden wird: An den abgebundenen Stellen nimmt der Stoff keine Farbe an. Beim Färben entstehen anstelle von klar voneinander abgegrenzten Farbflächen reizvolle Farbverläufe.

Als Reservierungsmittel eignen sich Bast, Schnur oder Gummiringe, die wegen ihrer Dehnbarkeit am leichtesten zu handhaben sind. Es gibt unterschiedliche Methoden, wie man den Stoff abbinden kann: **Plangi** nennt sich das javanische Abbindeverfahren, bei dem der zusammengerollte Stoff in der ganzen Breite oder Länge ein- oder mehrmals abgebunden und dann gefärbt wird (siehe Abb. unten). Das Ergebnis sind quer- bzw. senkrecht verlaufende Farbabstufungen von hell nach dunkel.
Will man den Stoff nur stellenweise abbinden, eignet sich dafür gut ein in den Stoff kreisförmig eingenähter Faden, dessen Enden zusammengezogen werden – **Tritik** nennt sich diese javanische Methode (siehe Seite 18 f.). Ähnliche Effekte können Sie durch **Zipfeln** oder durch **Klammern** erzielen (siehe Seite 20).

Plangi

Den weißen Stoff bzw. wie hier die Söckchen quer (oder senkrecht) mit Gummiringen abbinden und färben

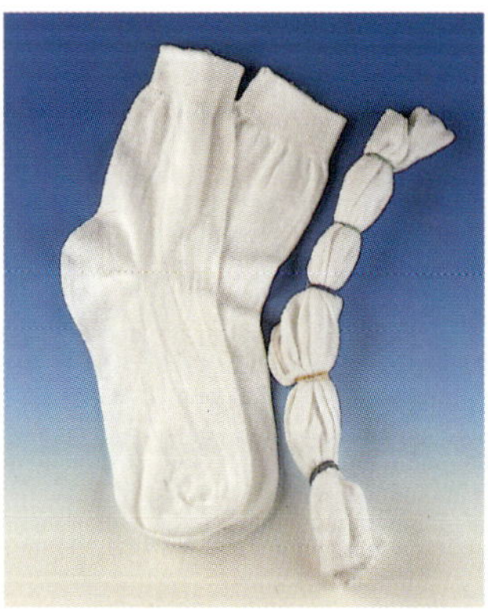

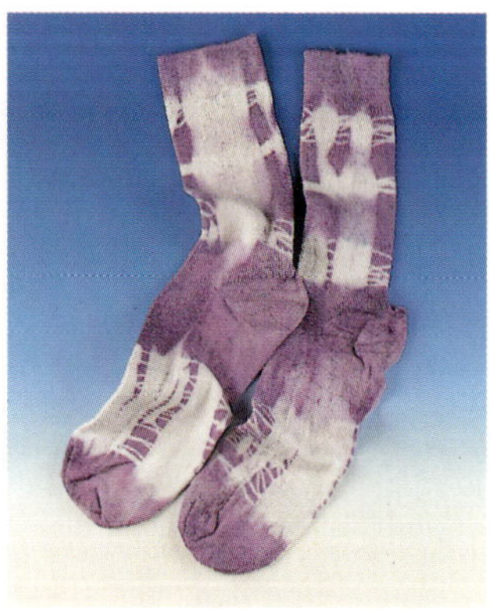

Dieser Sportbeutel wurde im gleichen Farbton (violett) gefärbt wie die Söckchen, jedoch nicht quer oder längs abgebunden, sondern gezipfelt, was solche schönen Musterungen ergibt. Wie man zipfelt, ist auf Seite 20 genau beschrieben

Tritik

Charakteristisch für die Technik der Tritik ist, daß der verwendete Stoff nicht mit Hilfe eines von außen angebrachten, sondern mit einem in den Stoff eingenähten Faden abgebunden wird. Diese Methode ist vor allem für dünne textile Gewebe wie Seide geeignet. Verwenden Sie zum Nähen nur reißfestes Garn.

Am besten zeichnen Sie die Konturen der Nähte nach Belieben mit dem Phantomstift vor (die Linien werden nach einigen Tagen unsichtbar). Nähen Sie je einen Faden im Vor- oder Reihstich an jeder Kontur entlang in den Stoff. Erst wenn alle Fäden eingenäht sind, werden sie straff zusammengezogen und die Enden miteinander verknotet. Tauchen Sie den abgebundenen Stoff nur einige Minuten in ein stark konzentriert angerührtes Farbbad.

TIP:

Den Stoff nach dem Ausspülen erst trocknen und dann vorsichtig die eingenähten Fäden lösen. Zum Aufschneiden der zusammengeknoteten Fäden eignet sich eine Nagelschere gut

Die Kontur der Naht mit dem Phantomstift vorzeichnen

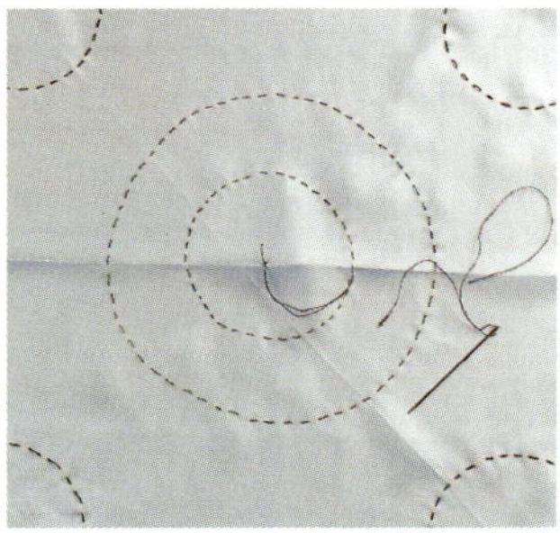

An jeder Kontur entlang je einen Faden in den Stoff nähen

Dann alle Fäden jeweils an den Enden straff zusammenziehen

Die beiden Enden eines jeden Fadens miteinander verknoten

Die Batikarbeit nach dem Färben: Dort, wo der Stoff mit Hilfe eines eingenähten und zusammengezogenen Fadens abgebunden wurde, sind zauberhafte Farbstrukturen entstanden

Zipfeln

Grobe Stoffe sind für die Tritiktechnik ungeeignet. Wenn Sie sie jedoch vor dem Färben zipfeln und so abbinden, erhalten Sie auch bei solchen Stoffen ähnliche Farbeffekte wie bei der Tritik

Klammern

Wird der Stoff – wie hier die Krawatte – erst geklammert und dann gefärbt, entstehen reizvolle Farbstrukturen

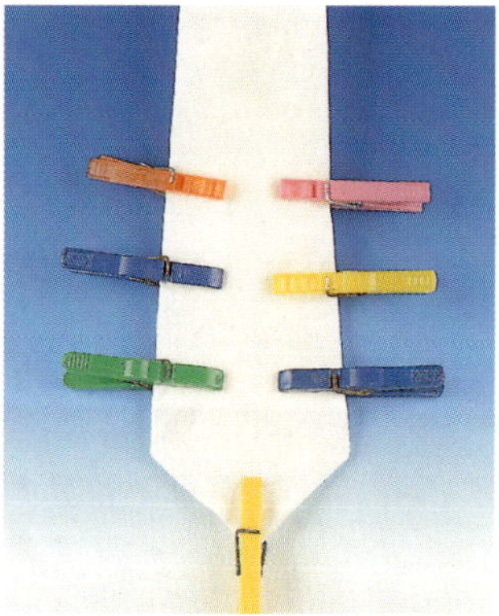

Knäulen

Wenn Sie den Stoff vor dem Abbinden zusammenknüllen, ergeben sich nach dem Färben reizvolle Marmormuster

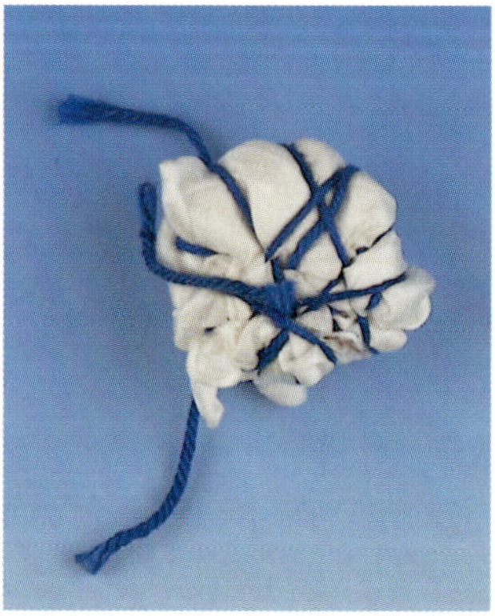

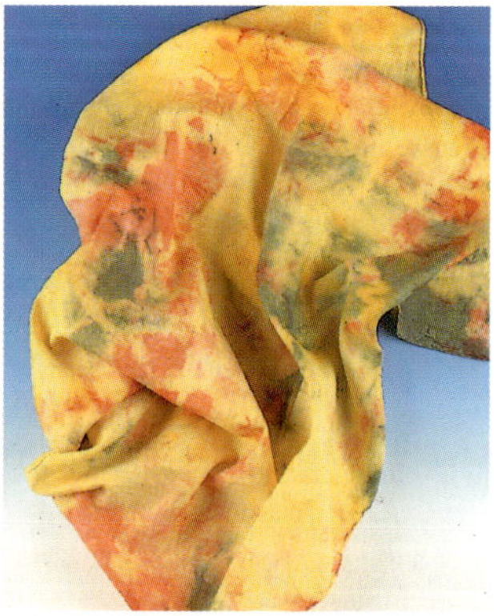

Falten

Dekorative Farbeffekte lassen sich auch durch Faltungen erzielen. Der Stoff wird angefeuchtet und gefaltet, dann durch Knäulen zusammengepreßt, abgebunden und gefärbt. Diese Technik nennt man auch Plissieren. Besonders schön sehen Stoffbatiken mit regelmäßigen, beispielsweise **rechteckigen Faltungen** aus: Falten Sie ein Stück Stoff zur Hälfte aufeinander, dann wieder zur Hälfte aufeinander und so fort (Abb. oben links).

Für **dreieckige Faltmuster** falten Sie ein quadratisches Stück Stoff Spitze auf Spitze zur Hälfte aufeinander, dann wieder Spitze auf Spitze falten und so weiter wie gewünscht (Abb. oben rechts).

Ziehharmonikaartige Faltungen (Abb. unten links und rechts) sind besonders für lange Seidenschals geeignet.

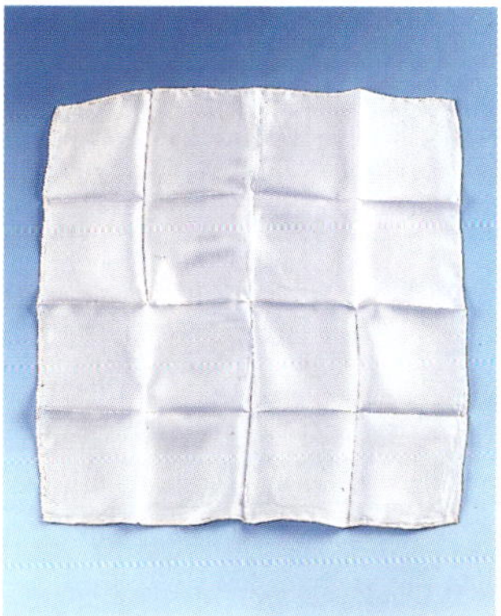

Faltet man den Stoff, bindet ihn so ab und färbt ihn dann, entstehen regelmäßige Farbstrukturen. Das abgebildete Seidenband wurde ziehharmonikaartig gefaltet (siehe Abb. unten links)

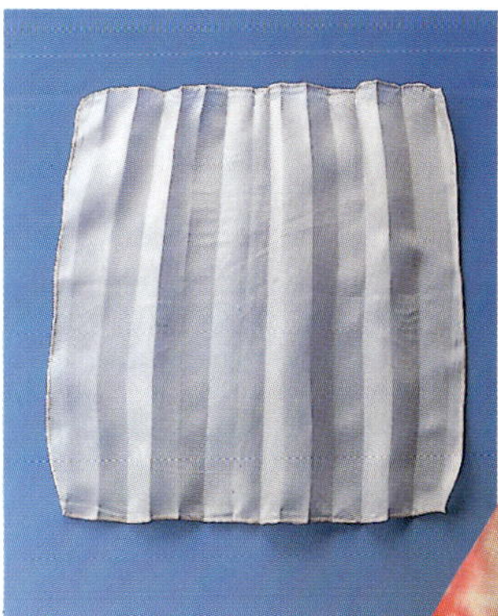

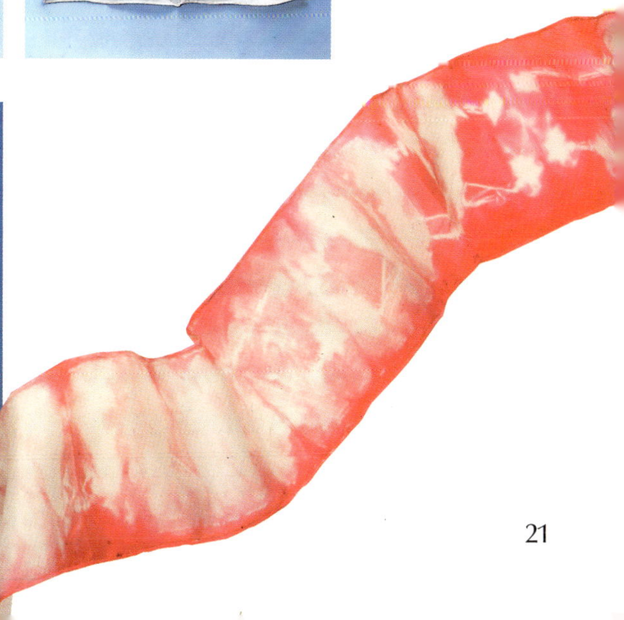

Galerie

Crincle-Röcke

Crincle-Röcke aus Seide sind nicht nur chic, sondern auch bügelfrei und deshalb sehr „kofferfreundlich". Der linke abgebildete, ursprünglich weiße Rock wurde erst zusammengedreht und dann in unterschiedlichen Abständen mehrmals quer abgebunden (Plangi), mal breit, mal schmal. Bei zwei Färbegängen, wie hier mit Türkis- und Azurblau, ist vor jedem Färben neu abzubinden. Ton in Ton gestaltet zeigt sich der rechte abgebildete, ursprünglich blaue Rock, der in Kornblumenblau gefärbt wurde

T-Shirts

Blaue T-Shirts bleichen in der Sonne oder beim Waschen oft aus. Diese beiden wurden jeweils quer und zipfelig abgebunden und neu gefärbt

Das rotgrundige T-Shirt ist erst quer, dann längs wie eine Ziehharmonika gefaltet und blau gefärbt worden.

Das gelbgrundige T-Shirt ist nur längs abgebunden, dann rot und danach grün gefärbt, was farbenfroh wirkt

Diese „Drillinge" sind zusammen in der Waschmaschine bei 40 Grad (Schonwaschgang) gefärbt worden (Farbton Jeansblau).

Für das linke Modell im Karomuster falten Sie ein weißes T-Shirt erst quer, dann längs wie eine Ziehharmonika und binden es ab

Das mittlere, marmorierte Modell ist ein weißes T-Shirt, das geknäuelt, dann zusammengebunden und gefärbt wurde.

Für das dritte Modell mit den Kreis- und Wellenlinien binden Sie den Stoff quer und zipfelig ab und färben ihn dann ein

Raffinierte Mischtechnik: Bei diesem Modell wurde ein weißes T-Shirt im unteren Bereich mit eingenähtem Faden (Tritik) und im Brustbereich quer mit Bast (Plangi) abgebunden. Die roten Schulterpartien sind marmoriert, die blauen nur gefärbt

Top

Ein echter Blickfang ist dieses Sonnentop aus Seidenjersey, dessen Grundfarbe Rosa ist. Zipfeln und binden Sie es quer ab.

Dann wird das Top rot gefärbt. Nun tauchen Sie es stellenweise in ein tiefblaues Farbbad, wodurch es violett wird

Bluse

Luftig, leicht und elegant wirkt diese Seidenbluse, die längs abgebunden wurde. Sie leuchtet in den Farben Türkis-, Kornblumenblau und Violett

Hemden

Diese schicken Freizeithemden sind ein echtes „Recyclingprodukt“: Von alten Baumwollhemden wurden die abgenutzten Kragen entfernt und die Ärmel gekürzt. Die senkrecht laufenden Streifen sind quer abgebunden

Hosen

Endlich Abwechslung in der Jeansmode! Durch Zipfeln und mit einer einzigen Färbung ist aus der weißen „Allerweltjeans“ ein außergewöhnliches Unikat im Blütendekor geworden. Bei festen Stoffen sollten Sie die Zipfel jeweils mit einer Kordel, nicht mit einem Faden abbinden. Ausgewaschene farbige Jeans können mit einer intensiven Batikfärbung auch ein neues Design bekommen

Die Leggins wurde vor jedem Farbbad zipfelig und quer abgebunden und dann gelb, rosa und blau gefärbt. Die Radlerhose ist wie das T-Shirt auf Seite 26 zu falten

Schirmmützen

Schirmmützen sind bei groß und klein beliebt. Die beiden hier gezeigten Modelle sind aus Seide. Die Baseballmütze wurde in der Maltiktechnik gestaltet: Alle gelben Motivflächen sind mit Stoffmalfarbe aufgemalt und abgedeckt. Dann ist die Mütze blau gefärbt

Die oben abgebildete Schirmmütze wurde rosa, hell- und dunkelgrün gefärbt. Nach Belieben lassen sich mit einem Textilstift noch Schriftzüge und Embleme auf die Mütze zeichnen

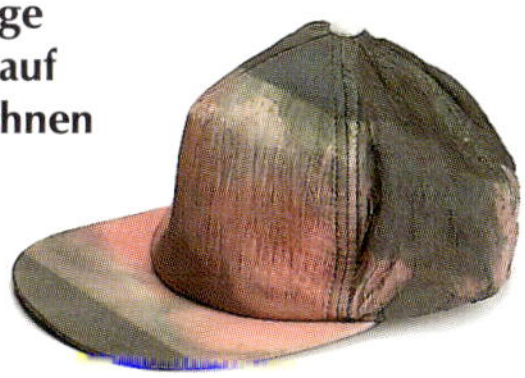

Taschen

Naturfarbene oder weiße Baumwolltaschen kann man in vielen Geschäften preiswert kaufen. Waschen Sie die Tasche vor dem Färben, damit der Stoff die Farbe besser annimmt. Die oben abgebildete Tasche ist gefaltet abgebunden und gezipfelt worden. Sie leuchtet in den Farben Türkis- und Kornblumenblau

Diese Tasche ist eine Maltikarbeit. Das Auftropfen der Wachskleckse, mit denen auch die Taschenrückseite gestaltet wurde, macht jungen „Künstlern" Spaß!

Schmusekissen

Schneiden Sie den Stoff für jedes Kissen doppelt zu. Gestalten Sie ihn wie jeweils angegeben, nähen Sie ihn dann zusammen, und stopfen Sie das Kissen mit Bastelwatte aus

Sterne

Das Punktemuster wird mit Kerzenwachs aufgetropft, der Stoff dann gelb gefärbt. Nach Belieben können Sie nun mit Stoffmalfarbe orangefarbene Punkte tüpfeln, den ganzen Stern oder seine Zacken bemalen

Sonne

Die Sonne ist eine Maltikarbeit, bei der Wachs- und Stoffmalfarbe aufgetragen und das ganz abgedeckte Motiv gefärbt wird

Wolke

Das Punktemuster der Wolke tröpfeln Sie wie bei den Sternen mit Kerzenwachs auf. Dann wird der Stoff türkisblau gefärbt, erneut mit Wachs betropft und jeansblau gefärbt – eine kinderleichte Wachsbatikarbeit!

Tücher und Bilder

„Orientalische Stadt" nennt sich das links abgebildete Wachsbatikbild, das auf handgewebtem reinem Leinen gestaltet und in den Farben Rosa, Rot und Blau gefärbt wurde.
Das rechts abgebildete Seidentuch leuchtet in Rosa und Rot. Florale Motive und geschwungene Linien geben diesem Wachsbatikbild einen dynamischen Ausdruck

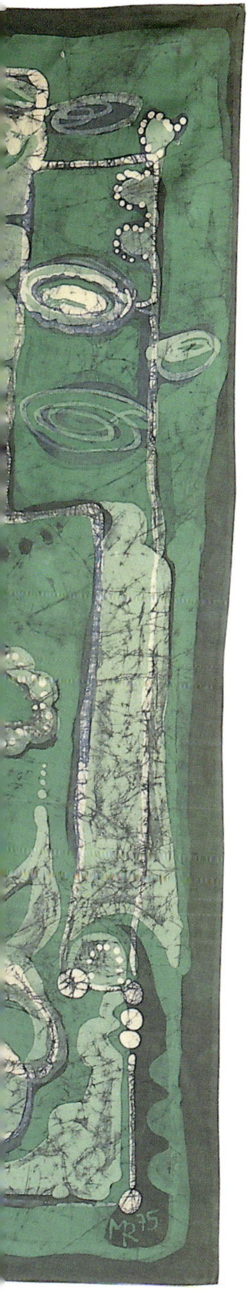

Das links abgebildete grün-blaue Seidentuch, eine Wachsbatikarbeit, wird wie das rosarote auf Seite 41 gearbeitet.
Die einfachen Motivformen auf dem oben abgebildeten Wachsbatikbild passen gut zu dem rustikalen Charakter des hier verwendeten Leinenstoffes (Färbefolge Gelb - Grün - Blau)

Das Muster auf dem unten abgebildeten Seidenschal, einer weiteren Wachsbatikarbeit, ist frei gestaltet, der Schal in Gelb-Grün-Tönen gefärbt

Das blaue Tuch aus Seide zeigt ein von vielen Krakeluren eingerahmtes indisches Mandalamuster. Die feinen Linien wurden mit dem Batikkännchen, dem Tjanting, aufgetragen. Die Färbefolge ist hier Azurblau - Kornblumenblau - Dunkelbraun.
Der rechts abgebildete Seidenschal besticht durch ein regelmäßig gestaltetes grafisches Muster. Zuerst wird der Stoff bis auf die Dreiecke und den Rahmen mit Wachs abgedeckt und dann blau gefärbt. Nun werden die Dreiecke und der Rahmen abgedeckt. Die anschließende Rotfärbung ist nur in den Krakeluren als Mischfarbe Violett zu erkennen

„Der Lebensbaum" nennt sich dieses große, in Wachsbatiktechnik gearbeitete Wandbild aus Baumwolle. Es sind viele Einzelmotive zu sehen, die zum Teil mit dem Pinsel und zum Teil mit dem Tjanting gestaltet wurden.

Die Aufteilung des Motivhintergrundes in unterschiedlich farbige Einzelfelder läßt das Bild noch abwechslungsreicher erscheinen. Die Färbefolge ist hier Gelb - Rosa - Dunkelgrün

UNSER TIP

Von Stefan Koter,
DM 9,95, öS 79,–, sFr 10,90
ISBN: 3-8068-**5287**-1

Von Heidi Dopheide,
DM 9,95, öS 79,–, sFr 10,90
ISBN: 3-8068-**5292**-8

Von Dieter Köhnen,
DM 9,95, öS 79,–, sFr 10,90
ISBN: 3-8068-**5290**-1

Von Monika Neubacher-Fesser u. a.
DM 9,95, öS 79,–, sFr 10,90
ISBN: 3-8068-**5285**-5

Von Elisabeth Schwinge,
DM 9,95, öS 79,–, sFr 10,90
ISBN: 3-8068-**5280**-4

Von Inge Wolff,
DM 9,95, öS 79,–, sFr 10,90
ISBN: 3-8068-**5286**-3

Jeder Band mit 48 Seiten, durchgehend vierfarbig, kartoniert.

FALKEN

Der Spezialist für nützliche Bücher

Stand der Preise 15.5.1994 · Preisänderungen vorbehalten